Bibliografische Information der Deutschen Nationalbibliothek:

Die Deutsche Bibliothek verzeichnet diese Publikation in der Deutschen National-bibliografie; detaillierte bibliografische Daten sind im Internet über http://dnb.d-nb.de/ abrufbar.

Impressum:

Copyright © 2020 GRIN Verlag
Druck und Bindung: Books on Demand GmbH, Norderstedt Germany
ISBN: 9783346104755

Dieses Buch bei GRIN:

https://www.grin.com/document/514786

Ana Rudolphi

Expertenstandards in der Pflege für Menschen mit Demenz einführen

Mehr Lebensqualität durch Beziehungsgestaltung

GRIN Verlag

GRIN - Your knowledge has value

Der GRIN Verlag publiziert seit 1998 wissenschaftliche Arbeiten von Studenten, Hochschullehrern und anderen Akademikern als eBook und gedrucktes Buch. Die Verlagswebsite www.grin.com ist die ideale Plattform zur Veröffentlichung von Hausarbeiten, Abschlussarbeiten, wissenschaftlichen Aufsätzen, Dissertationen und Fachbüchern.

Besuchen Sie uns im Internet:

http://www.grin.com/

http://www.facebook.com/grincom

http://www.twitter.com/grin_com

Alice Salomon Hochschule Berlin

University of Applied Sciences

Ein Expertenstandard für Menschen mit Demenz

Mehr Lebensqualität durch Beziehungsgestaltung

Ana Rudolphi

Bachelor-Studiengang Gesundheits- und Pflegemanagement

Zusammenfassung

Das Deutsche Netzwerk für Qualitätsentwicklung in der Pflege (DNQP) entwickelt seit ca. 20 Jahren Expertenstandards für die Pflege. Ein Expertenstandard ist vorrangig ein Instrument des Qualitätsmanagements und wird auch zur Qualitätsbeurteilung der Pflege von Überprüfungsgremien sowie zur juristischen Urteilsbildung bei Pflegefehlern herangezogen. Jeder Expertenstandard berücksichtigt das aktuelle Wissen in Pflegewissenschaft und Pflegepraxis und enthält darauf basierende Handlungsrichtlinien.

Im Mai 2019 veröffentlicht das DNQP den Expertenstandard „Beziehungsgestaltung in der Pflege von Menschen mit Demenz". Die Fokussierung auf die Beziehungsgestaltung bzw. auf die Bedürfnisse von Menschen mit Demenz macht diesen Standard so besonders und wertvoll. Durch Interventionen zur Beziehungsgestaltung und -förderung wie beispielsweise Lebensweltorientierung, Wahrnehmungsförderung, Wertschätzung und Zuwendung mit einer person-zentrierter Haltung wird eine wertschätzende Beziehung und damit eine zuverlässige Bindung und Sicherheit gefördert. Das Ziel ist mehr Lebensqualität.

Der Expertenstandard gibt keine konkreten Evaluationskriterien an, um eine erfolgreiche Beziehungsgestaltung verifizieren zu können. Das abschließende Kapitel dieser Arbeit beschreibt eigene Vorstellungen zu möglichen Prüfkriterien, die die Wirksamkeit von Interventionen in der Beziehungsgestaltung von Menschen mit Demenz aufzeigen können. Die Evaluation der Beziehungsgestaltung ist jedoch person- und situationsabhängig und deshalb gestaltet sich diese Prüfung äußerst schwierig. Es geht um das Erleben und Fühlen eines Menschen, was schwer greifbar ist und oft bei Menschen mit Demenz mehr auf der subjektiven Interpretation des Beobachters basiert.

Inhaltsverzeichnis

Abbildungsverzeichnis

Tabellenverzeichnis

1 Einleitung

In Deutschland beträgt die Zahl der Menschen mit Demenz aktuell rund 1,7 Millionen, von denen die meisten von der Alzheimer-Krankheit betroffen sind. Pro Jahr erkranken in Deutschland 300.000 Menschen an Demenz. Da die Zahl der Neuerkrankungen, die der Sterbefälle übersteigt, wächst die Zahl um 40.000 pro Jahr. In der Bevölkerung ohne deutsche Staatsangehörigkeit gibt es etwa 48.000 Demenzkranke. (vgl. Deutsche Alzheimer Gesellschaft Selbsthilfe Demenz, Informationsblatt 1)

Für die Pflege gehört Demenz zu den großen Herausforderungen. Die Zahlen machen deutlich, wie wichtig Forschung ist, um die Qualität der Pflege von Menschen mit Demenz zu verbessern. Das Deutsche Netzwerk für Qualitätsentwicklung in der Pflege (DNQP) hat das Thema Beziehungsgestaltung in einem neuen Expertenstandard in den Vordergrund gestellt. Menschen mit Demenz brauchen Sicherheit, die durch eine zuverlässige Bindung und positive Beziehungsgestaltung entstehen kann. Die Bedürfnisse dieser Menschen nach einer sicheren Beziehung erfordern eine wichtige pflegerische Kompetenz, nämlich das Erkennen dieser Bedürfnisse und die Auswahl der passenden Interventionen. Dies ist der Kern des person-zentrierten Ansatzes, also das Werkzeug zu erfolgreichem pflegerischem Handeln. (vgl. Schumann 2019, S. 200 ff.)

Warum dieses Thema? Noch ein Expertenstandard! Und auch noch für Menschen mit Demenz? Standard klingt doch verrückt bei Menschen mit Demenz, oder? Solche und ähnliche Aussagen sind keine Seltenheit im Pflegealltag. Aber allein der Titel: „Beziehungsgestaltung in der Pflege von Menschen mit Demenz" erfreute mich und machte mich neugierig. Aufgrund der emotionalen und kognitiven Einschränkungen benötigen Menschen mit Demenz besondere Unterstützung bei der Beziehungsgestaltung. Die Interaktion und Kommunikation mit dem pflegebedürftigen Menschen mit Demenz steht im Mittelpunkt dieses Expertenstandards. Dies erfordert von allen an der Pflege beteiligten Personen eine person-zentrierte Haltung, bei der die pflegebedürftige Person selbst im Mittelpunkt der Aufmerksamkeit steht. Mehr Lebensqualität durch persönliche Beziehungsgestaltung ist das Ziel dieses Expertenstandards.

In dieser Arbeit wird zunächst auf die Entstehungsgeschichte, die rechtliche Bedeutung sowie die Entwicklung und Einführung pflegerischer Expertenstandards in Deutschland behandelt. Die aktuelle Liste der bisher veröffentlichten Standards beendet diesen Abschnitt. Es folgt die Darstellung von Ausschnitten der wesentlichen Inhalte des Expertenstandards

„Beziehungsgestaltung in der Pflege von Menschen mit Demenz", indem die Struktur des Standards gezeigt sowie die wesentliche Grundlage dieses pflegerischen Ansatzes der Person-zentrierung von Tom Kitwood erläutert wird. Elemente zur Vorbereitung und Durchführung von Interventionen zur Beziehungsgestaltung und -förderung bilden den Abschluss dieses Kapitels.

Da in dem Expertenstandard „Beziehungsgestaltung in der Pflege von Menschen mit Demenz" keine konkreten Evaluationskriterien genannt werden, wird hier der Frage nachgegangen, wie Prüfkriterien aussehen könnten, mit denen die Wirksamkeit von Interventionen zur Erreichung der Beziehungsgestaltung zu verifizieren sind. Es sollen Prüfkriterien formuliert werden, um ermitteln zu können, wie eine Intervention emotional wirkt bzw. ob Beziehungsgestaltung überhaupt stattfindet. Es geht darum, ob und wie es einem innerhalb oder außerhalb der Beziehung stehenden Menschen ermöglicht werden kann, festzustellen, ob eine Beziehung entstanden ist - vielleicht beginnt, zu entstehen. Um den Rahmen dieser Arbeit nicht zu sprengen, wird die Frage eingeengt auf das Interventionsbeispiel „Musik/Singen".

2   Methode

Für die Sammlung der für diese Hausarbeit wichtigsten Daten und Informationen wurde eine Literaturrecherche durchgeführt. Diese Methode ist sinnvoll und völlig ausreichend, um Grundlagen für diese Arbeit zu erhalten. Um einen Überblick über das Thema Qualitätsentwicklung in der Pflege sowie Expertenstandards und konkret, über den Expertenstandard Beziehungsgestaltung in der Pflege von Menschen mit Demenz zu erzielen, wurde als erstes in der Datenbank OPAC der Bibliothek der Alice Salomon Hochschule unter den Schlagworten „Expertenstandard, Demenz, person-zentriert, Methoden von Expertenstandards und Qualitätsentwicklung in der Pflege" gesucht. Treffer wurden erzielt und zwei Bücher wurden ausgewählt. Der Expertenstandard selbst war nicht vorhanden; er wurde gekauft. Weiter wurde in den Internet-Suchmaschinen Google und Google Scholar nach den Schlagwörtern „Expertenstandard", „Demenz", und „Beziehungsgestaltung" gesucht. Zwecks weiterer Details über Demenz wurde auch auf der Internetseite der Deutschen Alzheimer Gesellschaft recherchiert. Ein eigenes Brainstorming, basierend auf dem Hintergrund eigener Berufserfahrung in der Pflege und Begleitung von Menschen mit Demenz, bildet die Grundlage zur Entwicklung   möglicher   Prüfkriterien   zur   Evaluation   von   Interventionen   zur

Beziehungsgestaltung. Das Brainstorming wurde speziell zu der ausgewählten Intervention „Musik/Singen" durchgeführt, um Begriffe zu sammeln, welche die Grundlage für die Erstellung der Prüfkriterien bilden.

3   Entwicklung und Bedeutung pflegerischer Expertenstandards in Deutschland

In den folgenden Kapiteln wird zuerst die Entstehungsgeschichte der Qualitätssicherung in der Pflege in Deutschland bis heute dargestellt. Es werden die rechtliche Bedeutung und die Auswirkungen der Expertenstandards in der Praxis behandelt, gefolgt von der Darstellung, wie das DNQP Standards entwickelt, einführt und aktualisiert. Den Abschluss bildet die tabellarische Übersicht der bisher veröffentlichten Expertenstandards.

3.1   Entstehungsgeschichte

Die Entstehungsgeschichte der Entwicklung pflegerischer Qualitätssicherung in Deutschland begann 1980 mit dem Programm der Weltgesundheitsorganisation (WHO) „Gesundheit für alle bis zum Jahr 2000". Hierin wurden alle Mitgliedsstaaten aufgefordert, bis 1990 effektive Qualitätssicherungsverfahren im Gesundheitssystem zu implementieren. In Kopenhagen wurde für fünf Jahre eine englischsprachige Arbeitsgruppe (Dänemark, Großbritannien, Irland, Niederlande und Schweden) gegründet, um den Forderungen der WHO nach pflegerischer Qualitätssicherung von Patienten auf europäischer Ebene nachzukommen. Nach Beendigung des WHO-Förderprogramms wurde 1992 das Europäische Netzwerk für Qualitätsentwicklung in der Pflege, European Quality in Nursing Network (EuroQUAN) durch das Oxforder Institute of Nursing des Royal College of Nursing (RCN) gegründet, um die Qualitätsentwicklung im Pflegebereich fortzusetzen. Eine Steuerungsgruppe aus Mitgliedern jedes Landes plante gemeinsame Qualitätsprojekte und Konferenzen. Pflicht der Mitglieder war es, ein nationales Qualitätsnetzwerk kooperativ mit den Berufsverbänden des eigenen Landes aufzubauen und somit die Qualität der Pflege weiter zu steigern und eine Vernetzung verschiedener Gesundheits- und Pflegeeinrichtungen sowie von Pflegewissenschaft und –praxis zu schaffen. Die Mitgliedsländer des WHO-Förderprogramms hatten in Expertenarbeitsgruppen Erfahrungen mit der Entwicklung von nationalen Pflegestandards gesammelt, wovon die im Rahmen des EuroQUAN gebildeten Qualitätsnetzwerke neuer europäischer Mitgliedsländer profitieren konnten. Gemeinsames Ziel war die Einführung der „Stationsgebundenen Qualitätsentwicklung" (SQE). Hier

erarbeiten und evaluieren Pflegekräfte selbst die Pflegestandards in kleinen Organisations-
einheiten, z.b. auf Stationsebene (Bottom-up-System), mit methodischer Unterstützung von
hierfür speziell qualifizierten Wissenschaftskolleg*innen. (vgl. Schiemann 2017, S. 19 ff.)

In Deutschland begann die Fachhochschule Osnabrück 1992 mit dem Aufbau des
DNQP, um die Qualitätsentwicklung auf Bundesebene voranzutreiben. Der Wissensvor-
sprung des europäischen Netzwerks zum methodischen Vorgehen bei der Entwicklung von
Expertenstandards für die Pflegepraxis waren sehr hilfreich. (vgl. ebd. S. 21) Seit 1999 ar-
beitet das DNQP in Kooperation mit dem Deutschen Pflegerat (DPR) und mit finanzieller
Unterstützung des Bundesministeriums für Gesundheit (BMG) bis 2008; seitdem wird es
ausschließlich aus eigenen Einnahmen (Verkaufserlöse aus Veröffentlichungen sowie Einnahmen von Konferenzen und Workshops) finanziert. (vgl. ebd. S. 22 f.)

Die von der DNQP entwickelten Expertenstandards sind evidenzbasierte, monodiszip-
linäre Instrumente, die den besonderen Beitrag der Pflege für die gesundheitliche Versor-
gung von Patienten, Bewohnern und ihren Angehörigen zu zentralen Qualitätsrisiken aufzeigen. Die Expertenstandards bilden die Grundlage für andauernde Verbesserung der Pflegequalität in Gesundheits- und Pflegeeinrichtungen. Die Förderung einer evidenzbasierten
Berufspraxis sowie die Einführung von Innovationen sind wichtige Funktionen der Expertenstandards. Außerdem fördern sie, analog zu ärztlichen Leitlinien, die interprofessionelle
Gemeinschaftsarbeit in der Gesundheitsversorgung. (vgl. Schiemann, Moers 2017, S. 30)

3.2   Rechtliche Bedeutung und Auswirkung der Expertenstandards in der Praxis

Für zugelassene Pflegeeinrichtungen, alle Pflegekassen und deren Verbände sind seit 2008
die im Bundesanzeiger veröffentlichten Expertenstandards nach § 113 a Abs. 3 Satz 2, 3
SGB XI unmittelbar rechtlich verbindlich. Die Einrichtungen und die dort arbeitenden Pflegekräfte sind bei der Einführung der Expertenstandards in die Praxis sowie zur Durchführung von Maßnahmen der Qualitätssicherung und des Qualitätsmanagements nach § 112
Abs. 2 SGB XI zur Unterstützung verpflichtet. In jeder Qualitätsprüfung durch den Medizi-
nischer Dienst der Krankenversicherung (MDK) / PKV-Prüfdienstes oder der Heimauf-
sichtsbehörde wird geprüft, ob die Bewohner bzw. Patienten nach dem aktuellen Stand der
Pflegewissenschaften gepflegt und betreut werden. Da die Expertenstandards eine direkte
Verbindlichkeit für die Pflegekräfte und Pflegeeinrichtungen entfalten, werden sie als vor-
weggenommene Sachverständigengutachten gewertet, die bei juristischen Auseinander-

setzungen als Maßstab zur Beurteilung des aktuellen Standes der medizinisch-pflegewissenschaftlichen Erkenntnisse herangezogen werden. Bei mehreren Bundessozialgerichtsurteilen (z.b. BSG Urteile vom 24.09.2002, Az.: B 3 KR 9/02 R und Az.: B 3 KR 15/02 R) wurde auf einen Expertenstandard Bezug genommen. (vgl. PPM PRO Pflege Management Verlag & Akademie, S. 3)

Die Nichtbeachtung oder Nichtumsetzung des Expertenstandards stellt haftungsrechtlich immer eine Fahrlässigkeit und damit ein Verschulden dar. Die Pflegefachkraft trägt die Durchführungsverantwortung, Pflegedienstleitung und Einrichtungsleitung übernehmen die Organisationsverantwortung und somit die Haupthaftungsverantwortung für die korrekte Umsetzung der Expertenstandards. Da der veröffentlichte Expertenstandard einem vorweggenommenen Sachverständigengutachten entspricht, muss die Bewohner*in/Patient*in im Rechtsstreit die Pflegefehler nicht beweisen, sondern es kommt zur Beweislasterleichterung oder -umkehr, wodurch die Pflegeeinrichtung anhand der Dokumentationen beweisen muss, dass die Leistungen korrekt erbracht wurden. (vgl. Theuerkauf 2017, S. 164 ff.) Für die Leitung einer Pflegeeinrichtung ist es daher sehr wichtig, Dokumentationsvorgaben festzulegen und deren Umsetzung zu kontrollieren. (vgl. Schmidt 2020, S. 5)

3.3   Entwicklung, Einführung und Aktualisierung der DNQP-Expertenstandards

Das DNQP hat für die Entwicklung von Expertenstandards folgende sechs Schritte festgelegt: (vgl. Bartholomeyczik 2019, S. 306 f.; Schiemann, Moers 2017, 31 ff.)

1. Zielsetzung ist, erhebliche Qualitätsverbesserungen übergreifend über die Versorgungsfelder zu erreichen. Eine Entscheidung über die Themen fällt ein Lenkungsausschuss, der aus Pflegewissenschaftlern und Verbandsvertretern besteht. Er entscheidet auf Basis pflegeepidemiologischer Literatur und der Praxisrelevanz.

2. Eine Expertenarbeitsgruppe von acht bis zwölf Mitgliedern (je zur Hälfte Pflegepraktiker und Pflegewissenschaftler) wird über eine fachöffentliche Ausschreibung zusammen mit einer wissenschaftlichen Leitung einberufen.

3. Aufgrund entsprechender Themenpräzisierung kann eine internationale Literaturanalyse mit üblichen Evidence-Kriterien durchgeführt werden. Die Ergebnisse werden in der Expertengruppe diskutiert, abgestimmt und anschließend ein Entwurf des Expertenstandards verfasst.

4. Der Konsentierungsprozess erfolgt durch die Fachöffentlichkeit auf einer Konsensuskonferenz. Zur Fachöffentlichkeit gehören hier auch Vertreter von nichtpflegerischen Organisationen, wie z.B. Vertreter aus Verbraucherschutz- und Patientenverbänden. Diese Veranstaltung dient der strukturierten Erörterung jedes Standardkriteriums. Stellungnahmen der Fachöffentlichkeit werden auch nach der Konferenz angenommen. Die Expertengruppe entwickelt aufgrund der protokollierten Fachdiskurse eine abschließende Version.

5. Die Implementierung des neuen Standards wird modellhaft in geeigneten Einrichtungen der Akutversorgung, Langzeitpflege und ambulanten Pflege durchgeführt. Diese Implementierung erfolgt in mehreren Schritten, die hier nicht weiter ausgeführt werden. Wichtig ist allerdings, dass das Ergebnis der Einführung über ein Audit unter Einbeziehung von Patienten/Bewohnern und Pflegenden sowie schriftlichen Dokumenten evaluiert wird.

6. Der letzte Schritt ist die regelmäßige Aktualisierung fünf Jahre nach Veröffentlichung bzw. sieben Jahre nach der ersten Aktualisierung. Durch ein regelmäßiges Monitoring soll sichergestellt sein, dass neue Forschungsergebnisse bzw. der neue Wissensstand in eine Aktualisierung einfließen. Die Mitglieder der Expertengruppe können bei dringendem Änderungsbedarf auch über eine vorzeitige Aktualisierung entscheiden. Der Ablauf der Aktualisierung ähnelt dem der Erstellung eines Standards.

Ein Expertstandard beginnt mit einigen allgemeinen Erläuterungen in einer Präambel, gefolgt von tabellarisch aufgeführten Standardkriterien und einer ausführlichen Kommentierung jedes Kriteriums. Die Veröffentlichung zum Standard enthält zusätzlich eine Literaturanalyse und die Auditergebnisse.

3.4   Veröffentlichte Expertenstandards des DNQP

Das DNQP hat bisher folgende Expertenstandards erarbeitet, veröffentlicht und aktualisiert:

Tab 1: Veröffentlichte Expertenstandards des DNQP
(Eigene Darstellung in Anlehnung an Schmidt 2020, S. 3)

Thema des Expertenstandards	Veröffentlichung	1. Aktualisierung	2. Aktualisierung
Dekubitusprophylaxe in der Pflege	2002	2010	2017
Entlassungsmanagement in der Pflege	2004	2009	2019

Schmerzmanagement bei akuten Schmerzen	2005	2011	
Sturzprophylaxe in der Pflege	2006	2013	
Förderung der Harnkontinenz in der Pflege	2007	2014	
Pflege von Menschen mit chronischen Wunden	2009	2015	
Ernährungsmanagement zur Sicherstellung und Förderung der oralen Ernährung in der Pflege	2010	2017	
Förderung der physiologischen Geburt	2014		
Schmerzmanagement bei chronischen Schmerzen	2015		
Erhaltung der Mobilität in der Pflege	2015		
Beziehungsgestaltung in der Pflege von Menschen mit Demenz	2019		

4 Expertenstandard „Beziehungsgestaltung in der Pflege von Menschen mit Demenz"

Mehr Lebensqualität durch einer person-zentrierte Beziehungsgestaltung ist das Ziel dieses Expertenstandards und kommt bei Personen zum Einsatz, die bereits an einer diagnostizierten Demenz erkrankt sind oder Symptome einer Demenz zeigen. Im Folgenden wird die Struktur des Expertenstandards sowie die person-zentrierten Haltung nach Kitwood, welche die Basis dieses Expertenstandards, dargestellt. Abschließend werden Elemente der Vorbereitung und Durchführung von Interventionen zur Beziehungsgestaltung und -förderung beschrieben.

4.1 Struktur des Expertenstandards

Der Expertenstandard „Beziehungsgestaltung in der Pflege von Menschen mit Demenz" weist die gleiche Struktur aller anderen bisher veröffentlichten Expertenstandards auf. Er wird in drei Einheiten unterteilt: Struktur-, Prozess- und Ergebniskriterien. Jede Einheit beschreibt die Qualifikation und Verantwortlichkeit für jedes Kriterium. Die folgende Tabelle stellt eine genaue Darstellung dieser Kriterien dar.

Tab 2: Kriterien des neuen Expertenstandards Beziehungsgestaltung in der Pflege von Menschen mit Demenz (DNQP 2019, S. 31)

Deutsches Netzwerk für Qualitätsentwicklung in der Pflege

2.3 Expertenstandard Beziehungsgestaltung in der Pflege von Menschen mit Demenz

Stand: Januar 2018

Zielsetzung: Jeder pflegebedürftige Mensch mit Demenz erhält Angebote zur Beziehungsgestaltung, die das Gefühl, gehört, verstanden und angenommen zu werden sowie mit anderen Personen verbunden zu sein, erhalten oder fördern.

Begründung: Beziehungen zählen zu den wesentlichen Faktoren, die aus Sicht von Menschen mit Demenz Lebensqualität konstituieren und beeinflussen. Durch person-zentrierte Interaktions- und Kommunikationsangebote kann die Beziehung zwischen Menschen mit Demenz und Pflegenden sowie anderen Menschen in ihrem sozialen Umfeld erhalten und gefördert werden.

	Struktur		Prozess		Ergebnis
S1a	Die **Pflegefachkraft** hat eine person-zentrierte Haltung in der Pflege von Menschen mit Demenz entwickelt.	P1	Die **Pflegefachkraft** erfasst zu Beginn des pflegerischen Auftrags sowie anlassbezogen, schrittweise unter Einbeziehung der Angehörigen bzw. anderer Berufsgruppen kriteriengestützt mit der Demenz einhergehende Unterstützungsbedarfe in der Beziehungsgestaltung, deren Auswirkungen auf die Lebens- und Alltagswelt sowie Vorlieben und Kompetenzen des Menschen mit Demenz.	E1a	Der Mensch mit Demenz wird durch die person-zentrierte Haltung der Pflegenden in seiner Einzigartigkeit wahrgenommen.
S1b	Die **Pflegefachkraft** hat das Wissen und die Kompetenz, Menschen mit Demenz zu identifizieren und damit einhergehende Unterstützungsbedarfe in der Beziehungsgestaltung fachlich einzuschätzen.			E1b	Die Pflegedokumentation enthält der Dauer und dem Anlass der pflegerischen Auftrags entsprechend systematische und kontinuierliche Hinweise auf mit der Demenz einhergehenden Unterstützungsbedarfe in der Beziehungsgestaltung.
S1c	Die **Einrichtung** fördert und unterstützt eine person-zentrierte Haltung für eine die beziehung fördernde und gestaltende Pflege von Menschen mit Demenz sowie ihren Angehörigen und sorgt für eine person-zentrierte Pflegeorganisation.				
S2a	Die **Pflegefachkraft** verfügt über Kompetenzen zur Planung und Koordination von beziehungsfördernden und -gestaltenden Maßnahmen der Pflege von Menschen mit Demenz.	P2	Die **Pflegefachkraft** plant auf Basis einer Verstehenshypothese unter Einbeziehung des Menschen mit Demenz und seiner Angehörigen sowie den beteiligten Berufsgruppen individuell angepasste beziehungsfördernde und gestaltende Maßnahmen.	E2	Eine person-zentrierte, die identifizierten Unterstützungsbedarfe und mögliche "Fluktuierende Zustände berücksichtigende Maßnahmenplanung liegt vor und ist allen an der Pflege des Menschen mit Demenz beteiligten Personen bekannt.
S2b	Die **Einrichtung** stellt sicher, dass die Pflege von Menschen mit Demenz auf Basis eines person-zentrierten Konzepts gestaltet wird und verfügt über eine interdisziplinäre Verfahrensregelung, in der die Zuständigkeiten für beziehungsfördernde und -gestaltende Angebote definiert sind.				
S3a	Die **Pflegefachkraft** verfügt über Wissen und Kompetenzen zur Information, Anleitung und Beratung über beziehungsfördernde und gestaltende Angebote sowie deren Einbindung in Alltagssituationen.	P3a	Die **Pflegefachkraft** informiert, leitet an oder berät den Menschen mit Demenz entsprechend seiner Fähigkeiten über beziehungsfördernde und -gestaltende Angebote.	E3a	Information, Anleitung oder Beratung des Menschen mit Demenz und seine Reaktionen auf das Angebot sind dokumentiert.
S3b	Die **Einrichtung** schafft Rahmenbedingungen für individuelle Information, Anleitung und Beratung von Angehörigen und stellt zielgruppenspezifische Materialien über beziehungsfördernde und gestaltende Maßnahmen zur Verfügung.	P3b	Die **Pflegefachkraft** informiert, leitet an und berät die Angehörigen proaktiv und anlassbezogen über beziehungsfördernde und -gestaltende Maßnahmen in Alltags- und Ausnahmesituationen.	E3b	Die Angehörigen des Menschen mit Demenz kennen die Notwendigkeit und Bedeutung beziehungsfördernder und -gestaltender Maßnahmen.
S4a	Die **Pflegefachkraft** kennt beziehungsfördernde und -gestaltende Angebote und ist in der Lage, die Pflege von Menschen mit Demenz darauf auszurichten.	P4	Die **Pflegefachkraft** gewährleistet und koordiniert das Angebot sowie die Durchführung von beziehungsfördernden und -gestaltenden Maßnahmen. Gegebenenfalls unterstützt sie andere an der Pflege des Menschen mit Demenz Beteiligte.	E4	Die Pflege des Menschen mit Demenz wird beziehungsfördernd und -gestaltend durchgeführt.
S4b	Die **Einrichtung** schafft Rahmenbedingungen für person-zentrierte, beziehungsfördernde und -gestaltende Angebote und sorgt für einen qualifikationsgemäßen Kenntnisstand aller an der Pflege Beteiligten.				
S5a	Die **Pflegefachkraft** verfügt über das Wissen und die Kompetenz zur Evaluation beziehungsfördernder und -gestaltender Pflege.	P5	Die **Pflegefachkraft** überprüft laufend die Wirksamkeit der beziehungsfördernden und -gestaltenden Maßnahmen. Sie nimmt in Absprache mit dem Menschen mit Demenz, seinen Angehörigen sowie allen an der Pflege Beteiligten gegebenenfalls Änderungen am Maßnahmenplan vor.	E5a	Der Mensch mit Demenz zeigt Anzeichen für den Erhalt und die Förderung seines Gefühls, gehört, verstanden und angenommen zu werden sowie mit anderen Personen verbunden zu sein.
S5b	Die **Einrichtung** stellt sicher, dass die Pflegefachkraft sowie andere an der Beziehungsgestaltung ihre Beziehung zu dem Menschen mit Demenz reflektieren können.			E5b	Veränderungen/Beobachtungen dieser Anzeichen sind nachvollziehbar dokumentiert und Änderungen im Maßnahmenplan sind bei Bedarf vorgenommen.

4.2 Person-zentrierter Ansatz von Tom Kitwood

Die Basisdarstellung für die Implementierung dieses Standards liegt in einer person-zentrierten Haltung. Die person-zentrierte Pflege (Person-Centred Care/PCC) fußt auf der Theorie des britischen Theologen und Sozialpsychologen Tom Kitwood (vgl. Güther 2019, S. 275). Die Anfänge jedoch gehen auf die Praxis und Theorie der Klientenzentrierten Psychotherapie des Psychologen Carl Rogers und auf das Dialogische Prinzip des Religionsphilosophen Martin Buber zurück. Erste Einflussnahmen des Ansatzes von Rogers bei der Arbeit mit Menschen mit Demenz kamen von Naomi Feil, der Begründerin der Validation. Das Wissen der genannten Autoren hat Tom Kitwood für die Entwicklung des person-zentrierten Ansatzes für die Pflege von Menschen mit Demenz genutzt. (vgl. Höwler 2007, S. 22) Dieser Ansatz stellt die Einzigartigkeit der Person in den Mittelpunkt. Der Erhalt und die Stärkung des Personseins ist sein oberstes Ziel bei der Betreuung von Menschen mit Demenz. Diese Grundhaltung gegenüber Menschen mit Demenz und die positive Arbeit und Beziehung mit der Person bilden die Basis für eine positive Interaktion und Kommunikation mit den Menschen mit Demenz. Nach Kitwood stellt die Aufrechterhaltung des Personseins das oberste Ziel einer qualitativ hochwertigen Demenzpflege dar. Gute Demenzpflege beinhaltet nach Kitwood einen Remenzprozess, der die Wiederherstellung personaler Funktionen unterstützt und dabei grundlegende Bedürfnisse wie Halt, Trost, Nähe und Geborgenheit sowie soziale Verbundenheit stärkt und dabei Beschäftigung und Identitätsarbeit erleichtert. Unter demenzspezifische Bedürfnisse fasst er eine Gruppe von Bedürfnissen, die sich nicht klar voneinander trennen lassen, zum Beispiel die Bedürfnisse nach Liebe, Trost, Sicherheit, Einbeziehung, Beschäftigung und Identität. Diese Bedürfnisse sind unterschiedlich stark ausgeprägt; ihre Befriedigung ermöglicht es dem demenziell veränderten Menschen, sich als Person wahrzunehmen und positive Gefühle (sich wertvoll und geschätzt zu fühlen) zu erleben. Pflegequalität in der Betreuung von Menschen mit Demenz hängt primär von der Qualität der Pflegebeziehung und der Interaktionsfähigkeit des Pflegepersonals ab. (vgl. Kitwood 2019, S. 144 ff.)

4.3 Beziehungsgestaltung und -förderung von Menschen mit Demenz

Um Menschen mit Demenz so zu erreichen, dass sie sich verstanden, gehört und dadurch sich mit anderen Menschen verbunden fühlen, ist es erforderlich, dass die Interaktion sich entsprechend den Bedürfnissen, der Persönlichkeit und den Fähigkeiten des Menschen mit

Demenz gestaltet. Folgende Elemente können die Grundlage für eine Vorbereitung und Durchführung von Interventionen bilden: (vgl. DNQP 2019, S. 53 ff.)

- Lebensweltorientierung

Die Biografiearbeit bildet die Grundlage für einen sensiblen Umgang mit einem Menschen mit Demenz. Kennen die Pflegenden die Lebensgeschichte des Einzelnen, können sie durch Orientierungshilfen diesen unterstützen und darauf eingehen. Dazu gehört das Wertlegen auf Gewohnheiten und Ritualen im Alltag: z.b. das Aufstehen zu den gewohnten Zeiten, Rituale bei der Körperpflege und eine Milieugestaltung, die ein vertrautes räumliches Umfeld bietet und einen Weg zur Kommunikation ermöglicht (eigene Möbel, Bilder, etc.). Diese Aspekte sind immer wieder zu evaluieren und zu reflektieren, die Biografiearbeit endet eigentlich nie.

- Wahrnehmungsförderung

Menschen mit Demenz benötigen kontinuierlich Unterstützung bei der Sinneswahrnehmung. Um die Umwelt wahrnehmen und damit wichtige Informationen aufnehmen zu können, ist eine Bereitstellung und Nutzung von Hilfsmitteln wie Lesebrille, Hörgeräte oder Zahnprothese absolut notwendig, wobei in diesem Bereich die Beschränkungen durch die Demenz bei notwendigen Neuanschaffungen und Anpassungen erhebliche Schwierigkeiten verursachen (z.B. bei Seh- oder Hörtest). Diese Bereitstellungsaufgaben liegen im Verantwortungsbereich der Pflegenden. Eine auf die Fähigkeiten abgestimmte Kommunikation zwischen den Menschen mit Demenz und den Pflegenden ist die Basis für die Förderung der Wahrnehmung. Wichtig ist, Kommunikations- und Interaktionsregeln nach den vorhandenen Ressourcen des Menschen mit Demenz zu richten; dazu gehört z.B. das richtige Tempo, Lautstärke, aktiv zuhören, einfache Sätze, Augenkontakt, gleiche Ebene.

- Wertschätzung und Zuwendung

Ein wertschätzender Umgang mit Menschen mit Demenz und ihren nächsten Bezugspersonen stellt das Kernelement von der person-zentrierte Pflege dar. Das Ausmaß an Nähe richtet sich nach den Bedürfnissen des Menschen mit Demenz, dafür ist eine Kontinuität der Bezugspersonen wichtig, um Vertrauen und Sicherheit zu ermöglichen. Die Maßnahmen orientieren sich an den aktuellen Situationen, dies bedeutet, dass beispielsweise unterschiedliche Methoden anwendbar sind. Eine besondere Situation, wie z.B. ein Krankenhausaufenthalt, erfordert eine besondere Maßnahme. Hier kann ein Realitätsbezug hilfreich sein z.B. durch die Information: „Sie sind jetzt im Krankenhaus", die klar und deutlich kommuniziert wird. In einer anderen Situation kann ein validierendes Gespräch die richtige Wahl sein. Auch Notsituationen benötigen besondere Maßnahmen, hier wird die subjektive Situation akzeptiert. Die Vermittlung von Wertschätzung erfolgt in der Interaktion und Kommunikation durch das Erkennen der Interessen des Menschen mit Demenz. Ein Gespräch über Familie oder über Hobbys kann dies bewirken.

- Spezifische Maßnahmen

Zu spezifischen Maßnahmen gehören die Begegnung und das Zusammenleben mit Haustieren, insbesondere mit Hunden und Katzen. Durch das Streicheln und den Umgang mit den Tieren kann sich die Stimmung deutlich verbessern. Der Einsatz von Musik, Singen und Tanz kann, wie bei gesunden Menschen auch, bei Menschen mit Demenz ein positives Körpergefühl hervorrufen, das mit Bewegung korreliert und die Beziehung zu anderen fördert. Der Einsatz von Puppen oder Stofftieren: Dies erscheint bei einzelnen Menschen mit Demenz positive Gefühle zu erzeugen und einen einfacheren Zugang zu Kommunikation zu ermöglichen. Insbesondere bei Frauen kann dadurch häufig die Rolle als Mutter erlebt werden. Alle diese Maßnahmen sind im Voraus mit einer intensiven Biografiearbeit zu verknüpfen sowie durch individuelle Beobachtungen zu ergänzen, um zu entscheiden, welche Maßnahmen sinnvoll sind. Die pflegende Person ist sensibel und probiert Angebote aus, um positive oder negative Auswirkungen der Maßnahmen festzustellen.

5 Prüfkriterien für die Beziehungsgestaltung von Menschen mit Demenz

Prüfkriterien, die eine Verifizierung der Wirksamkeit von Interventionen zur Erreichung der Beziehungsgestaltung dienen, werden in dem Expertenstandard nicht beschrieben. In diesem Kapitel wird eine Darstellung eigener Vorstellungen, wie ansatzweise mögliche Prüfkriterien aussehen könnten, dargestellt; sie basieren allein auf persönlichen Gedanken und beruflichen Erfahrungen und werden in dieser Arbeit nicht mit anderen Theorien verglichen.

5.1 Prüfprozess bei der Intervention zur Beziehungsgestaltung

Bei der Aufnahme wird die Ist-Situation schriftlich festgehalten und im Laufe der Zeit ergänzt. Im Rahmen der erforderlichen Vorher-Nachher-Betrachtung bildet diese Dokumentation eine wichtige Grundlage für die Darstellung und Bewertung von Interventionen zur Förderung und Herstellung von Beziehungen.

Die qualitative Sozialforschung bietet diverse Methoden der Datensammlung und Auswertung, die hier sinnvoll sein können: die Befragung, die teilnehmende und nichtteilnehmende Beobachtung und ihre Erweiterung auf die Ethnografie sowie die Materialsammlung (z.B. Foto- und Filmanalyse). (Flick 2009, S. 102 ff.) Letzteres ist sehr spannend, da Szenen mehrmals anzuschauen sind, wodurch sich immer wieder andere Aspekte entdecken lassen. Es handelt sich bei der Beobachtung von Interventionen zur Beziehungsgestaltung mit Hilfe von Prüfkriterien um personenabhängige Wahrnehmungen von Zuständen sowie subjektive Interpretationen bei der Auswertung durch die Beobachter*in. Prüfkriterien sind also nicht gleich Beobachtungskriterien. Ein Lächeln ist visuell beobachtbar, es kann jedoch verschieden interpretiert werden, z.B. als Freude, Unsicherheit, Hilfesuchen, Kontaktsuche.

Als erstes wählt die Pflegekraft sorgfältig eine für den Menschen mit Demenz sinnvolle und ressourcenorientierte Intervention aus. Diese Auswahl ist im Voraus mit einer sorgfältigen Biografiearbeit zu verknüpfen. Die Pflegekraft ist sensibel, kreativ, emphatisch und probiert Angebote aus, um positive oder negative Auswirkungen der Maßnahmen festzustellen. Bei negativen Reaktionen wird die Intervention abgebrochen oder der Mensch mit Demenz wird aus dem Setting entlassen. Ist die Interventionsmaßnahme ausgewählt und geplant, kann die Pflegeperson zur Durchführung übergehen. Vor und während der Intervention wird eine intensive Beobachtung der Person vorgenommen. Eine genaue und ausführliche Dokumentation bildet die Basis für die folgende Evaluation, hierbei dienen Prüfkriterien zur Feststellung des Erfolgs, z.B. der Feststellung, dass es zur Beziehungsgestaltung kam. Andere positive Auswirkungen können sein: Reduktion von Hinlauftendenzen (Menschen mit Demenz laufen nicht weg, sondern haben ein Ziel.), Abnahme von Herausforderndem Verhalten, Aufhellungen depressiver Stimmungen, Verbesserung des Schlafverhaltens. Der Expertenstandard empfiehlt für die Evaluation der Wirksamkeit von beziehungsfördernden Maßnahmen, die Formulierung von Fragen, die für die einzelne Intervention individuell auf den einzelnen Menschen mit Demenz abgestimmt sind. Durch das Nachfragen und Nachspüren soll die Qualität der person-zentrierten Pflege beobachtet und interpretiert werden (vgl. DNQP 2019, S. 66).

Abb. 1 Prüfprozess für die Intervention zur Beziehungsgestaltung. Eigene Darstellung

5.2 Interventionsbeispiel: Einsatz von Musik/Singen

Eine sinnvolle Interventionsmaßnahme dürfte Musik in all ihren Ausprägungen sein, z.B. Volksmusik, klassische Musik, Sakralmusik, Schlager, jahreszeitliche Lieder, Naturklänge, Heimatlieder. Ob Lieder gesungen, mitgesungen oder gesummt werden, ist letztlich von der dargebotenen Musikrichtung und der Einhilfe durch das Pflegepersonal abhängig. Andere Angebote im Rahmen dieses Interventionsbereichs können der Einbezug örtlicher Theater- oder Musikgruppen sowie Lotsen oder Patenschaften durch Schulklassen sein. Auch Gottesdienstbesuche können wegen der Musik und des Gesangs die Beziehung zu Gott darstellen und ebenso Interaktionsmöglichkeiten mit anderen Gottesdienstbesuchern sowie Pastor oder Priester eröffnen. Eine weitere Möglichkeit wäre, dass die am Gesang und Musizieren interessierten Bewohner in einem Gemeinschaftsraum der Pflegeeinrichtung „Konzerte" für die Öffentlichkeit bzw. Nachbarschaft geben, dadurch entstünden weitere Kontakte. Das alles dient dem Ziel Lebensqualitätssteigerung durch Förderung der Beziehungsgestaltung auf der Grundlage von Musik als zwischenmenschlicher Brücke.

5.3 Mögliche Beobachtungs- und Prüfkriterien

Der Expertenstandard gibt eine Reihe von Literaturangaben im Rahmen seiner Literaturrecherche an, die wichtige Hinweise auf mögliche Beobachtungskriterien über Beziehungsgestaltung in der Pflege von Menschen mit Demenz darstellen. (vgl. DNQP 2019, S. 170 ff.) Da ich meine Gedanken und Ideen, ohne fremde Einflüsse und nur auf eigene persönliche und berufliche Erfahrungen basierend, freien Lauf lassen wollte, habe ich diese bewusst außen vorgelassen. Im Folgenden werden mögliche Beobachtungskriterien dargestellt.

- Verbale und nonverbale Kommunikation

Die Qualität der Gespräche bzw. der Kommunikation des Menschen mit Demenz wird vor, während und nach der Intervention beobachtet und dokumentiert. Dauer, Intensität, Häufigkeit sowie Art der Kommunikation sind wichtige Merkmale, die Auskunft über die Qualität der Kommunikation geben (Augenkontakt, zustimmende Blicke, Erröten, Blasswerden, Konzentration, wird das Gesprochene verstanden und gehört). Ist der Mensch noch persönlich orientiert, so dass er noch auf seinen Familiennamen oder/und Vornamen reagiert und sich direkt angesprochen fühlt, so ist dies eine wichtige Ressource bei der Beziehungs-förderung und -gestaltung. Wird Sie oder Du bevorzugt? Dies kann Nähe oder Distanz bedeuten. Wird ein Unterschied gemacht bei der Ansprache oder werden alle Menschen mit Du oder Sie angesprochen?

- Persönliche Kontakte

Welche Kontakte sind vorhanden? Verwandte, Freunde, Nachbarn, Mitarbeiter, Mitbewohner. Als Indiz für die Wirkung von Beziehungsgestaltung und -förderung können Veränderungen in der Häufigkeit der Besuche und bei der jeweiligen Verweildauer der Kontaktpersonen in der Einrichtung genutzt werden. Alle Kontaktpersonen des Menschen mit Demenz stellen eine wichtige Quelle nicht nur für die Beziehungsgestaltung dar, sondern auch für die Ergänzungen der Dokumentation zur Beziehungsgestaltung.

- Erinnerung und Wiedererkennung von Personen

Wird eine Bezugsperson oder Kontaktperson wiedererkannt? Wenn ja, wie? Werden Personen als Töchter, Ehepartner, Freunde identifiziert und dementsprechend so angesprochen und behandelt oder ohne exakte Identifikation z.B. ohne Namen, aber erkannt als Familienangehöriger. Ein anderes beobachtbares Beispiel für das Wiedererkennen von Beziehungen ist das Aufsuchen einer Pflegekraft, wenn Hilfe oder Schutz gesucht wird, was bedeutet, dass die Pflegekraft als „Schützende Person" erkannt und aktiv aufgesucht wird.

- Zufriedenheit

Ermittlung durch die direkte Beobachtung und wenn möglich durch Befragung des Menschen mit Demenz. Das Ess- und Trinkverhalten sowie Schlafverhalten können relevante Hinweise liefern über die Zufriedenheit bzw. das Befinden des Menschen mit Demenz. Das Befragen der Kontaktpersonen nach Stimmung, Konzentration etc. ist eine weitere wichtige Quelle.

- Reaktion

Ob und wie der Mensch mit Demenz auf bestimmte Interventionen, hier insbesondere Lieder, Musikinstrumente, bestimmte Worte oder Klänge, reagiert, wird ebenfalls beobachtet und schriftlich fixiert. In welcher Art und Weise zeigt sich die Reaktion als Emotion: Wut, Freude, Trauer, Ängstlichkeit, Nervosität, Interesse oder Desinteresse? Ein weiteres wichtiges Merkmal für eine Reaktion ist die Körperhaltung: Ist sie zugewandt oder abweisend, sitzt oder steht der Mensch mit Demenz ruhig oder unruhig, angespannt oder entspannt. Weitere Reaktionsmöglichkeiten können sich als Schweigen, Weinen, Schreien, Lachen, Tanzen, Selbstgespräche, Gespräche mit anderen zeigen. Zur körperlichen Reaktion gehört auch die allgemeine Bewegung, in diesem Bereich kann z.b. eine Veränderung der Gang-art, Dableiben oder Weggehen, Stehenbleiben sowie Schaukeln oder Einschlafen wichtige Informationen liefern.

- Berührungen

Ob Körperkontakt und Nähe gesucht, stattfindet bzw. zugelassen wird, sind deutliche Signale, die Auskunft über die persönliche Beziehung geben. Die Arten der Berührungen, z.B. Umarmung oder Streicheln, die Häufigkeit, die Intensität und die Dauer können beobachtet und dokumentiert werden. Außerdem kann beobachtet werden, ob allgemein Nähe oder Nähe nur zu bestimmten Personen gesucht wird und wo die Berührungen stattfinden - vor den Anderen oder nur in bestimmten Räumlichkeiten. Entsteht eine Freundschaft oder gar eine Partnerschaft zwischen zwei Menschen, kann diese dem Menschen mit Demenz einen neuen Sinn im Leben geben.

6 Diskussion

Wenn die strukturellen Rahmenbedingungen in den unterschiedlichen Pflegeinrichtungen stimmen, kann der Expertenstandard „Beziehungsgestaltung in der Pflege für Menschen mit Demenz" sicherlich zu mehr Lebensqualität von Menschen mit Demenz und zu einer Ver-besserung der Qualität der Pflege führen. Der Expertenstandard eröffnet neue Perspektiven und will Pflege- und Betreuungspersonen sensibilisieren, in dem er den Fokus auf die indi-viduellen Bedürfnissen der Menschen mit Demenz richtet und nicht auf ihre verlorenen Res-sourcen und den damit verbundenen Pflegebedarf.

Betreuungspersonen, die mit dem Menschen mit Demenz täglich in Kontakt kommen, wirken als ‚Katalysator' für die Herstellung von Beziehung. Das Sprichwort aus der Bibel „Der Mensch lebt nicht vom Brot und allein […]" (Matthäus 4) drückt genau die Zielrich-tung der Forderung nach Beziehungsgestaltung aus. Zum Leben bzw. sogar Überleben ge-hört nicht nur sauber, satt und trocken zu sein, sondern auch die Befriedigung der Bedürfnisse nach Liebe und Bindung von Menschen mit Demenz.

Im Expertenstandard „Beziehungsgestaltung in der Pflege von Menschen mit De-menz" werden drei Bereiche vorgestellt, die eine Hilfestellung zur Evaluation von Bezie-hungsgestaltung bieten: Selbst- und Fremdeinschätzung zur Erfassung von Lebensqualität, Beobachtungsinstrumente zu den Themen Emotion und Engagement und das Projekt zur

Reflexion pflegerischen Handelns. (vgl. DNQP 2019, S. 170) Leider werden bei keinem der drei Bereiche konkrete Evaluationskriterien genannt, die eine erfolgreiche Beziehungsgestaltung evaluieren könnten (vgl. DNQP 2019, S. 186 f.).

Es gibt also kein konkretes Assessmentinstrument für die Evaluation von Beziehungsgestaltung mit person-zentrierter Pflege. Diese Tatsache zeigt deutlich, dass eine wahrnehmbare Feststellung von Beziehungsgestaltung in der Pflege von Menschen mit Demenz nicht einfach zu prüfen bzw. zu belegen ist. Pflege allgemein scheint nicht objektiv messbar, und dies schließt gerade auch die Beurteilung von menschlichen Beziehungen bei Menschen mit Demenz ein. Schließlich basiert diese Beurteilung je nach Demenzstadium auch auf Fremdeinschätzungen. Hier ist eine möglichst rationale und wertungsfreie Beobachtung essenziell und entscheidend für die richtige Einschätzung von Beziehungsgestaltung.

Um eine erfolgreiche Beziehungsgestaltung zu fördern und herzustellen, ist ein Einlassen auf die Gefühlswelt durch emotionales Mitschwingen der Menschen mit Demenz notwendig. Pflege- und Betreuungspersonen können Beziehungsgestaltung nicht objektiv messen, jedoch sehr wohl fördern und herstellen.

Anfangs schien die Einengung auf eine einzelne Intervention (Musik/Singen) sinnvoll, um die Forschungsfrage zu beantworten. Die entwickelten Prüfkriterien sind jedoch so allgemein, dass sie für alle mögliche Arten von Interventionen brauchbar sind.

Es kann angenommen werden, dass Beziehungsförderung und -gestaltung allgemein nicht zwingend des Einsatzes spezieller Interventionen bedarf. Schon das Immer-wieder-Zusammenbringen von Menschen, die ähnliche Interesse teilen, gemeinsame Aufgaben und eine gewisse Sympathie füreinander empfinden, kann dafür sorgen, dass eine Beziehung entsteht. Dieses zu erkennen und zu nutzen, ist die große Herausforderung jenes Menschen, der in der Pflege und Betreuung von Menschen mit Demenz involviert ist, da er genau dadurch helfen kann, soziale Kontakte zu ermöglichen. Es kann die ähnliche Arbeitsschürze sein, die die Verbindung zwischen zwei alten Damen mit Demenz herstellt und damit für eine Art von Freundschaft sorgt. Ein entspanntes Lächeln oder ein flirtendes Augenzwinkern sind eindeutige Zeichen für ein „Ich mag dich" oder „Schön, dass Du da bist", alles Hinweise, die auf eine Beziehung hindeuten.

Falls es wirklich zu einer spürbaren und messbaren Verbesserung der Beziehungsgestaltung kommt, z.B. konkret gemessen an der längeren Verweildauer der Besucher, kann das nach einer Weile u.U. auch dazu führen, dass die Häufigkeit und die Verweildauer der

Besuche wieder abnimmt, weil Angehörige annehmen könnten, dass der Mensch mit Demenz gut aufgehoben ist. Möglicherweise wirkt die Verbesserung also auch kontraproduk-
tiv, was Besuche von außen anlangt. Das müsste dann aber durch die Intensivierung der
Innenkontakte aufgefangen werden.

7 Fazit und Ausblick

Dieser Expertenstandard ist auf jeden Fall ein wichtiger Meilenstein in der Pflege von Menschen mit Demenz. Endlich ist das so wesentliche emotionale Bedürfnis nach Beziehung in
den Fokus gerückt. Dies wird für die Pflegenden und Betreuenden sicherlich bzw. hoffent-
lich eine deutliche Verschiebung in der Hierarchie der Aufgaben bewirken. Nicht allein das
Prinzip: Sauber, satt und trocken, beschreibt jetzt die Norm in der Pflege, sondern die Befriedigung der emotionalen Bedürfnisse steht jetzt auch im Vordergrund.

   In dieser Arbeit konnte erst einmal ein Ansatz für die Erstellung von Prüfkriterien ge-
funden werden. Wie ein Prüfprozess insgesamt konkret aussehen könnte, müsste im Rahmen
einer Folgearbeit entwickelt und dargestellt werden, und zwar inklusiv der Überprüfung der
Prüfkriterien. Je nach Demenzstadium müssen die Prüfkriterien sicherlich individuell ange-
passt werden, da die Reaktionen der Menschen mit Demenz in den verschiedenen Entwick-
lungsstufen der Demenz sehr verschieden ausfallen.

   Aber all das lässt sich erst dann in der Praxis überprüfen, wenn ausreichend Erfahrungen über die Umsetzung dieses Expertenstandards vorliegen und auch evaluiert wurden. Da-
nach kann erst gesagt werden, inwieweit Prüfkriterien operationalisierbar sind. Unbedingt
sollten auch andere Wissenschaftsgebiete einbezogen werden, die ebenfalls vor dem Prob-
lem der Messbarkeit und Bewertung von Interaktionen stehen, z.B. Psychotherapiefor-
schung, Psychologie und Soziologie.

   Grundsätzlich ist die Wahrnehmung und Interpretation von Beobachtungskriterien
letztendlich nicht objektivierbar. Im Gegensatz zum Blutdruckmessen wird es daher große
interpersonelle Abweichungen bei der Beurteilung des Erfolgs der Beziehungsgestaltung geben.

Literaturverzeichnis

Bartholomeyczik, S. (2019): Prävention von Mangelernährung in der stationären Pflege am Beispiel des DNQP-Expertenstandards „Ernährungsmanagement". In Bundesgesundheitsblatt (2019)·62: S. 304–310.

Online verfügbar unter:

https://doi.org/10.1007/s00103-019-02878-1, Zugriff: 31.10.2019

Büscher, A; Blumenberg, P. (2018): Expertenstandards als Instrument der Qualitätsentwicklung. In: Jacobs et al. (Hrsg.) (2018) Pflege-Report 2018, S. 63 -70.

Online verfügbar unter:

https://doi.org/10.1007/978-3-662-56822-4_7, Zugriff: 29.10.2019

Deutsche Alzheimer Gesellschaft Selbsthilfe Demenz (o.A.), Informationsblatt 1, Die Häufigkeit von Demenzerkrankungen, Berlin.

Online verfügbar unter:

https://www.deutsche-alzheimer.de/fileadmin/alz/pdf/factsheets/infoblatt1_haeufigkeit_demenzerkrankungen_dalzg.pdf, Zugriff: 02.11.2019

DNQP (Deutsches Netzwerk für Qualitätsentwicklung in der Pflege) (Hrsg.) (2019): Expertenstandard Beziehungsgestaltung in der Pflege von Menschen mit Demenz einschließlich Kommentierung und Literaturstudie. Osnabrück: DNQP

Flick, U. (2009): Sozialforschung, Methoden und Anwendungen, Ein Überblick für die BA-Studiengänge. Reinbek: Rowohlt Verlag GmbH

Güther, H. (2019): Person-zentrierte Pflege. In: Müller-Hergl , C., Güther, H. (Hrsg. der deutschsprachigen Ausgabe) (2019) Kitwood, T.: Demenz, Bern: Hogrefe Verlag, S. 275 – 298.

Höwler, E. (2007): Interaktionen zwischen Pflegenden und Personen mit Demenz. Stuttgart: W. Kohlhammer GmbH

Kitwood, T. (2019): Demenz: Der person-zentrierte Ansatz im Umgang mit verwirrten Menschen. Bern: Hogrefe Verlag

PPM PRO Pflege Management Verlag & Akademie (ohne Jahresangabe): Expertenstandards. Wie Sie Expertenstandards einfach umsetzen. Bonn: VNR Verlag für die Deutsche Wirtschaft AG.

Online verfügbar unter:

https://nss.wirtschaftswissen.de/reward/expertenstandards.pdf, Zugriff: 31.10.2019

Schiemann, D. (2017): Networking for Quality: Qualitätsnetzwerke der Pflege auf europäischer und nationaler Ebene. In: Schiemann, D.; Moers, M.; Büscher, A. (Hrsg.) (2017): Qualitätsentwicklung in der Pflege. Stuttgart: W. Kohlhammer GmbH, S. 19 – 25

Schiemann, D.; Moers, M. (2017): Qualitätsmethodik zur Entwicklung, Einführung und Aktualisierung evidenzbasierter Expertenstandards in der Pflege. In: Schiemann, D.; Moers, M.; Büscher, A. (Hrsg.) (2017): Qualitätsentwicklung in der Pflege. Stuttgart: W. Kohlhammer GmbH, S. 29 – 49

Schmidt, S. (2020): Expertenstandards in der Pflege – eine Gebrauchsanleitung, Berlin: Springer-Verlag GmbH.
Online verfügbar unter:
https://doi.org/10.1007/978-3-662-59637-1, Zugriff: 29.10.2019

Schumann, S. (2019): Expertenstandard „Beziehungsgestaltung in der Pflege von Menschen mit Demenz". In: Geriatrische und Gerontologische Pflege (GGP) 2018; 02(05): S.200-203. Stuttgart: Georg Thieme Verlag KG.
Online verfügbar unter:
https://doi: 10.1055/a-0666-2490, Zugriff 02.11.2019

Theuerkauf, K. (2017): Rechtliche Verbindlichkeit von Expertenstandards.
In: Schiemann, D.; Moers, M.; Büscher, A. (Hrsg.) (2017): Qualitätsentwicklung in der Pflege. Stuttgart: W. Kohlhammer GmbH, S. 150 – 169

BEI GRIN MACHT SICH IHR
WISSEN BEZAHLT

- Wir veröffentlichen Ihre Hausarbeit,
  Bachelor- und Masterarbeit

- Ihr eigenes eBook und Buch -
  weltweit in allen wichtigen Shops

- Verdienen Sie an jedem Verkauf

Jetzt bei www.GRIN.com hochladen
und kostenlos publizieren

Milton Keynes UK
Ingram Content Group UK Ltd.
UKHW041059290923
429627UK00004B/314

9 783346 104755